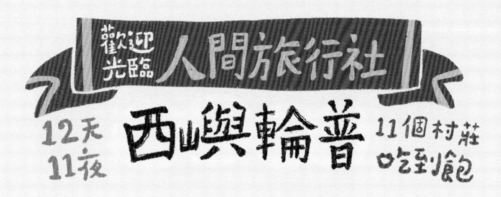

歡迎光臨 人間旅行社

西嶼輪普

12天11夜　11個村莊吃到飽

作者 洪莉棋　　繪者 陳柔安

離 島 出 版

歡迎光臨人間旅行社
12 天 11 夜西嶼輪普 11 個村莊吃到飽

作者｜洪莉棋
插畫｜陳柔安
封面設計｜Tsenglee
內頁排版｜青春生技
責任編輯｜歐佩佩

出版｜離島出版有限公司
總編輯｜何欣潔
地址｜108 台北市萬華區中華路一段 170 之 2 號 1 樓
網址｜offshoreislands.online
電話｜(02) 2371-0300

發行｜遠足文化事業股份有限公司（讀書共和國出版集團）
地址｜231 新北市新店區民權路 108-2 號 9 樓
電話｜(02) 2218-1417 傳真｜(02) 2218-1142
電子信箱｜service@bookrep.com.tw
郵政帳號｜19504465（戶名：遠足文化事業股份有限公司）
客服電話｜0800-221-029 團體訂購｜02-2218-1717 分機 1124
網址｜www.bookrep.com.tw
法律顧問｜華洋法律事務所／蘇文生律師
印製｜通南彩色印刷股份有限公司
初版一刷｜2024 年 2 月
初版二刷｜2024 年 3 月
定價｜450 元
ISBN｜978-626-98329-1-0
書號｜3KIP1002

國家圖書館出版品預行編目(CIP)資料

歡迎光臨人間旅行社：12天11夜西嶼輪普11個村莊吃
到飽／洪莉棋文；陳柔安圖. -- 初版. -- 臺北市：離
島出版有限公司出版：遠足文化事業發行, 2024.02
面；　公分. -- (島圖；2)
ISBN 978-626-98329-1-0(精裝)

1.CST: 人文地理 2.CST: 宗教文化 3.CST: 民間信仰
4.CST: 繪本 5.CST: 澎湖縣西嶼鄉

733.9/141.9/107.4　　　　　　　　113001347

序

面對嚴峻的自然環境，宗教信仰是澎湖人精神生活中最重要的寄託與慰藉，更是面對未知的唯一解答，「西嶼輪普」就是在這樣的歷史脈絡下所發展出的地方文化。

隨著台灣時代轉型及漁業資源短缺，「離家」成為當代澎湖人的共同宿命。

從我的爸媽開始談起。他們出生於 1960 年代的內垵村，和當時大多數的澎湖人一樣，成年後便到台灣本島打拚並落地生根了。而我也跟大部分的澎湖孩子相同，曾在小時候及寒暑假被爸媽丟包給澎湖的阿公阿媽照顧，等待時間到了便會自動回歸本島。澎湖對我來說，是既熟悉又陌生的地方。

一直到 2024 年的現在，這個關於離家的宿命仍然屹立不搖，台灣本島是澎湖人寄託希望與追求夢想的所在，澎湖成為必然會離開的家鄉。

而我，選擇走一條反方向的路──「返鄉」。

為什麼返鄉呢？絕不是為了打破宿命這種宏願，僅是抱著對童年回憶的好奇，是一個為了更加理解自己而做的任性選擇。

記錄西嶼輪普並出版繪本，除了是想留住家鄉的文化，更是追溯美好童年的旅程。總會在田野調查中，多瞭解一點已逝阿公阿媽的生命故事，同時對阿公阿媽當時在做的事恍然大悟。

對我來說，西嶼輪普文化乘載著西嶼人對未知世界與眾生的善意，也反映出不同世代及地域此時彼刻的渴望，形成了傳統文化和時代變遷的對話空間。

期待透過此繪本的出版，讓更多人理解普度文化中的虔敬與慈悲，或許我們就可以對人性更有信心，有更好的角度看待人類世界。

作者 洪莉棋

土暑期強檔

百年經典

幾天11夜吃到飽

農曆7月俗稱鬼月,人們會舉辦「普度」儀式邀請各方好兄弟在陽間接受施食與超度,台灣各地因地制宜發展出多樣化的普度流程及形式。

在澎湖縣西嶼鄉則有上百年的「輪普」文化,從農曆7月13日至7月24日,由西嶼鄉11個村莊輪流普度。

我一定要去!
不去會後悔!

西嶼鄉在哪裡呢？

「西嶼鄉」位於澎湖本島最西側的區域，鄉內居民以從事漁業產業為主，因此又稱「漁翁島」。面對險惡的討海生活，西嶼人尊天敬地，宗教信仰顯得格外重要。

在 1970 年跨海大橋興建前，西嶼鄉是一個封閉且獨立的島嶼，因此輪普文化得以保存至今。

馬祖

金門

澎湖

台灣

太平洋

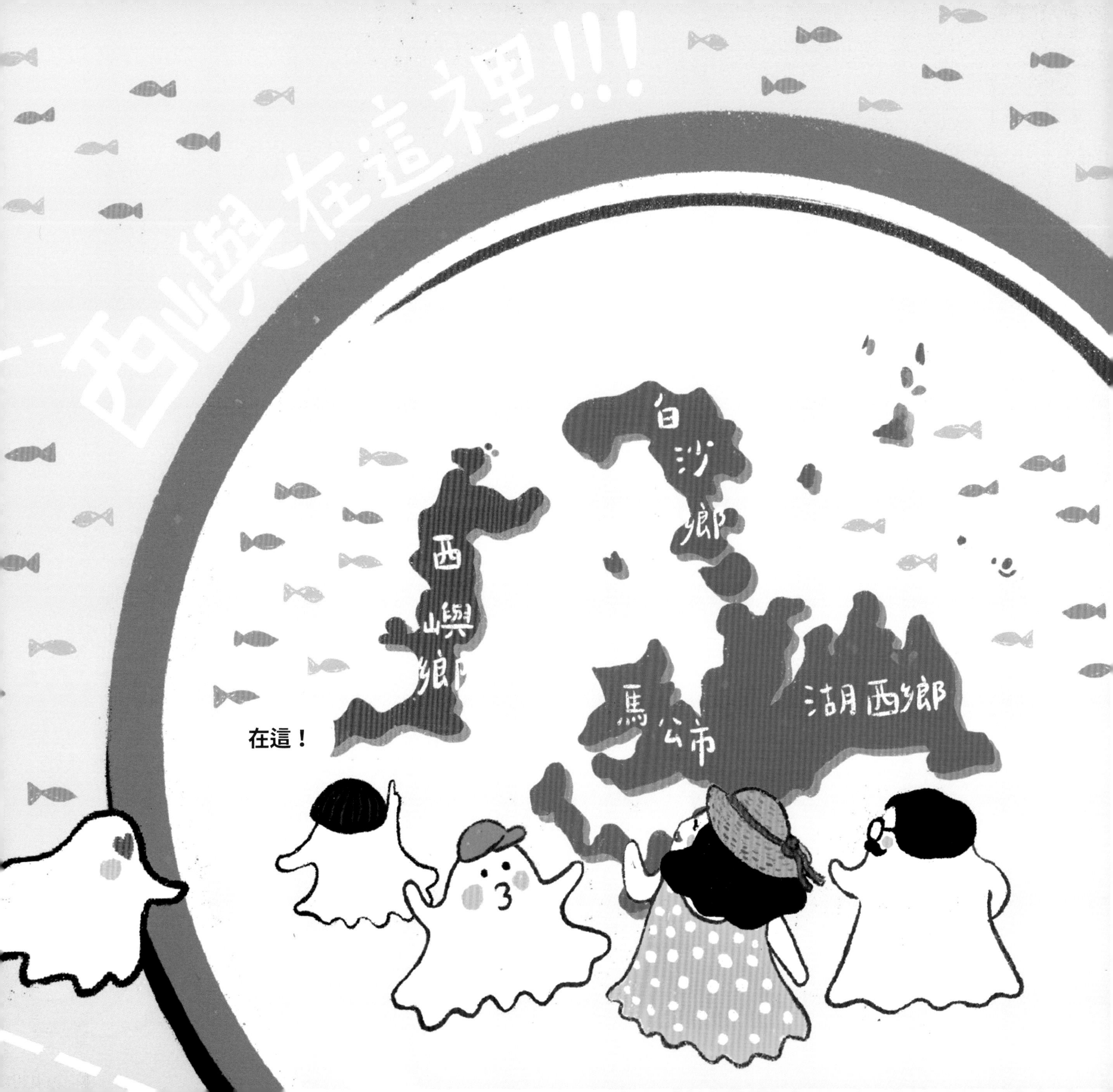
西嶼在這裡!!!
白沙鄉
西嶼鄉
馬公市
湖西鄉
在這！

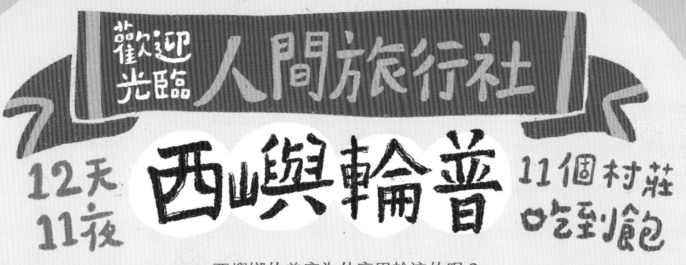

歡迎光臨 人間旅行社

西嶼輪普

12天11夜　**11個村莊吃到飽**

西嶼鄉的普度為什麼用輪流的呢？

西嶼鄉在 1970 年跨海大橋興建前，屬離島地區，普度時主持法會科儀[註]的道士及負責廟會表演的戲班人員有限，因此將各村莊的普度日期錯開以便能順利進行。另一方面，在物資缺乏的年代，食物保存也不易，輪普制度能將食物分送給鄰近村莊的親朋好友，以免造成浪費。

不同的村莊分日舉辦普度儀式，鄰近村莊的村民們得以互相幫忙，共同準備豐富的祭品，還能到彼此的村莊做客、看戲，一同共襄盛舉。

註：「科儀」是指在舉行法會儀式時的一套形式與流程。

11 農曆7月24日 合界威揚宮

1 農曆7月13日 小門震義宮

4 農曆7月16日 后螺龍慶宮

跨海大橋

合界　后螺

小門

竹灣　橫礁

6 農曆7月18日 大池治安宮

大池

5 農曆7月17日 竹灣大義宮

2 農曆7月14日 橫礁五天宮

7 農曆7月19日 小池角關帝廟

二崁

3 農曆7月15日 二崁二興宮

小池

8 農曆7月20日 外垵溫王宮

赤馬

10 農曆7月22日 赤馬赤樊桃殿

外垵　內垵

9 農曆7月21日 內垵內塹宮

普度小知識 五營

台灣是個移民社會，早期動盪，瘴癘肆虐，聚落四方便仿造軍事布陣，設置東、南、西、北的營頭，中營則多置於村廟附近，這就是五營的由來。
五營是台灣民間信仰中重要的一部分，人們會在營頭處擺置竹符、香爐，象徵各營頭的兵馬在此鎮守，各營頭皆有一名元帥負責指揮，通常中營為李元帥，東營為張元帥、南營為蕭元帥、西營為劉元帥、北營為連元帥，鎮守村落五方共同抵禦外靈入侵、守護聚落居民平安。

我來了！

普度小知識 放水燈

放完路燈，接下來就由道士帶隊前往村莊的海口或港邊，並在小盆內焚金紙引火，再放入海水中順水而流，藉此邀請好兄弟前來村莊進行饗宴，有「邀請卡」之意。

接著是放水燈儀式，跟著火的光源準備進入村莊囉！

好期待！

好！

終於到了！

勅令焚香奉請十方三界内六道四生中有靈無祀男女孤魂滯魄等眾来赴醮筵
歡迎來到西嶼！
暫歸所
普度小知識 暫歸所
提供好兄弟暫時棲身之處。

普度小知識 大士爺

大士爺就是所謂的鬼王，據說本來是天上的天使，後來被神指派為鬼王，來管理好兄弟。另有一說為觀世音菩薩降伏了大士爺來監督醮場與好兄弟，甚至有一說為大士爺是觀世音菩薩的化身。西嶼人敬稱大士爺為「大士伯」，代表大士爺與西嶼人的親近關係，如同家中的「伯仔」慈愛晚輩。

角端

山神

翰林所：分為男堂、女室，提供好兄弟沐浴及休憩的臨時場所。

所林翰

冥冥地府判

西方界

渺渺青宮

女堂

男堂

原來四張桌子代表四個甲頭。

澎湖小字典甲頭

甲頭是清代保甲、聯庄制度下發展出的社群單位，澎湖縣各村落以地理位置、地形地貌或姓氏作為區分，以小門村為例，小門村總共有四個甲頭，以方位區分，分別為東甲、西甲、南甲、北甲。

普度桌旁設有臉盆和毛巾，
為好兄弟接風洗塵。

農曆7月20日 外垵村普度

⑧ 外垵村溫王宮
主祀溫府王爺，廟中藏有「海滋蒙庥」匾，落款於清嘉慶14年（1809年），可確定開基於這之前，歷經多次修建後，於2005年竣工為今貌。

1969年溫王宮正在重建時，外垵村海域突然游進了上千隻海豚，全村居民幫忙捕捉海豚籌重建宮廟經費，所以溫王宮又有「海豚廟」之稱。

好有趣的故事！

緊來食飯！

哇好帥喔！

遵命！

普度當晚溫王爺會降駕乩身，邀請好兄弟來吃飯。

溫王爺叫我們去吃飯了！

農曆 7 月 23 日，赤馬走路到合界

過去，道士和戲班人員皆以步行前往各村莊舉辦普度儀式，農曆 7 月 22 日舉辦完赤馬村的普度，因為下一站合界村的距離較遠，因此農曆 7 月 23 日為步行日。

澎湖小字典 石滬

是一種利用海水潮汐漲退潮的陷阱式漁法。

澎湖小字典 菜宅

菜宅又稱宅內（theh-lāi），菜的房子，澎湖人就地取材以硓𥑮石或玄武岩疊砌石牆，是用來幫農作物抵擋強勁東北季風的防風措施。

這是一本歷經四年田野調查後產出的繪本，在調查、構思、創作、產出的過程中受到了很多的幫助，感謝西嶼鄉各廟眾神明與大士伯保佑所有過程皆平安順利、洪耀幸與翁順福道長提供普度科儀解說、曾佛賜老師啟發了創作西嶼輪普繪本的靈感，以及在地居民們的解惑與餵食，讓西嶼輪普文化得以被記錄並傳承。

在西嶼輪普過程中，我們看見邀請及放行好兄弟的「放水、路燈儀式」、普度眾生的「施食儀式」、為夭亡好兄弟擺設祭品的「囡仔普」，在在都展現了西嶼人面對未知世界的慈悲為懷。

很開心可以透過此繪本與你分享西嶼鄉的百年習俗，希望在讀繪本時的你，就像跟著寶家人到西嶼玩了 12 天，更期待有天能與你在西嶼輪普的現場相見！

繪者 陳柔安

大學唸美術設計，畢業後靠著畫肖像賺旅費的方式，遊歷 24 個國家，而後出版《我沒錢，所以邊畫畫邊旅行》。目前定居西嶼大池，經營空間「卵生居」，致力於孩童美術教育及藝術創作。

🅕 邊畫畫邊旅居的 Malaika　🅕 卵生居
🅞 roann_chen　🅞 bird_birth_house

作者 洪莉棋

1993 年生，澎湖縣西嶼鄉內垵人，畢業於東海大學社會學系，於 2020 年返鄉後便浸泡在田野場域中。現為「汝賀文化工作室」及「去（Khu）海女神龍」負責人，致力於澎湖在地知識的轉譯與傳承。

🅕 汝賀文化工作室　🅞 ruheculture